Los guantes rojos de mamá

escrito e ilustrado por
Ana Karen P. C. Ordóñez

Inspirado en Yussef.
Gracias por ser mi pequeño sol
y luz cada día.
Te ama, mamá.

Ésta es la historia de los guantes de
mamá;
ésta es la historia de las personas
involucradas...

Hola! Mi nombre es Giuseppe. Mi mamá, Ana, es una diseñadora de modas y viaja mucho.

Aveces yo la acompaño. Esta vez iremos a Italia y mi mamá esta guardando en la maleta muchas cosas...

"Mamá, ¿que son esos?" le pregunto

"Son guantes"

"¿Y para que sirven?"

"Para mantener nuestras manos
calientitas".

Sigo muy curioso así que le hago otra
pregunta: "¿Porqué brillan?"

"Porque están hechos de piel."

Sigo teniendo más dudas, pero mi
mamá me dice "Giuseppe, tienes que ir
a dormir porque mañana nos
despertaremos muy temprano…"

En el aeropuerto creo ver piel por todas
partes: zapatos, maletas, bolsas, mochilas.
Así que le pregunto a mi mamá:

"¿Eso también es piel?"

"Sí"

"Pero, ¿qué es piel?"

"Es un material que puede estar hecho
de piel de animal o una tela sintética
que la imita."

"Ah... ¿Y dónde hacen eso?"

Mamá sonríe y saca una libreta que se
lleva a todos sus viajes.

Salidas
↑ Departures

"Ésta es una postal que me mandó una amiga, Zoya, de su viaje a Marruecos, con sus hijos. Yo pienso que el material debe venir de ahí... una vez leí que en ese lugar la piel recibe naks* que es su espíritu"

"Wow" Mamá sonríe y le pregunto sobre sus guantes...

"¿Esos los compraste en Marruecos?"

"No, los compré en Florencia"

"Ahí es a donde vamos!" le dije muy emocionado.

"Si cielo..." Me responde con otra gran sonrisa.

* con un proceso llamado Qasriya. Si tu pequeñ@ es tan curios@ como el mío, por favor ve al "appendix".
** es importante saber que no porque algo diga "hecho en TAL LUGAR" significa que todo el producto y sus materiales fueron hechos ahí... "hecho en" solo dice el último lugar que el producto visitó

"Mamá, tus guantes están hechos de
animales?"

Vi un poco de preocupación en el rostro
de mamá.

"Tristemente, si. Siempre me
desagradaron los sintéticos y cuando los
compré no sabía todo lo que se ahora..."
replicó.

Pensé en los animales y me sentí triste.
Mi mamá agregó "No te preocupes
Giuseppe, ahora están haciendo piel con
honguitos!"

"¿honguitos?"

"Sí, como los champiñones!"

"Wow!" Estaba tan feliz, intentando
imaginar cómo se verían unos guantes
con piel de honguito...

Cuando llegué al hotel, mi mamá estaba trabajando y yo estaba jugando con mis cochecitos. De pronto me preguntó:
"Champiñon, ¿te gustaría visitar una fábrica de guantes?"
"Siiiiii!!!" respondí emocionado.

Al día siguiente, después de visitar el
"Piazzale Michelangelo" y el Duomo,
fuimos a visitar una fábrica de
guantes llamada "Martellini".

"Buon pomeriggio" dijo mi mamá a la Sra. Julia, la vendedora. Buon pomeriggio significa "buenas tardes" en Italiano. "Buon pomeriggio" respondió Julia.

GLOVE FACTORY
Martellini

"Venimos al tour!" le dije a Julia emocionado "Okay Señor. Bueno, empezaremos aquí en la tienda... tenemos todas las texturas, colores, formas y tamaños imaginables..." "Tienen con piel de hongo?" la interrumpí. Ella se rió y me dijo "Sí, de hecho es nuestro nuevo producto." Sonreí, estaba tan feliz por los animales.

"En éste preciso momento, nuestros trabajadores regresan de su lunch, así que podemos proseguir con el tour..."

"Éste es nuestro almacén, que está cerrado. Aquí guardamos toda la piel, botones y otros materiales que se utilizan. La mayor parte proviene de Marruecos y otros de varias regiones en aquí en Italia."

RIPOSTIGLIO

Después, fuimos con el Sr. Guido. Él era el encargado de cortar la piel y marcar la talla. Nos dijo que era un abuelo feliz. Tenía tres nietos.

"Uno de mis nietos se llama como tu" me dijo con una sonrisa.

La siguiente persona que conocimos
fue Nicola, el papá de Julia.

Su trabajo era cortar los guantes con
calibres, de acuerdo con las tallas
que el Sr. Guido marca.

Enseguida estaba Emilia, muy parlanchina. Contenta nos enseñó un bello anillo en su dedo… se casará pronto .

"Yo me encargo de darles el tamaño correcto a los guantes por lo que debo poner atención al detalle" nos platicó con seriedad.

Luego, nos cambiamos de habitación para conocer a Roberta.

"Me puedes llamar Robi" me dijo y agregó: "me recuerdas a mi nieto, es tan curioso como tú." solté una risita...

"¿Y tu qué haces Robi?"

"Aquí es dónde la magia sucede... marco con blanco el diseño que llevarán los guantes."

"Como polvo de hada!"

"Así es! Y después les hago pequeños hoyos con un pequeño clavo y martillo que ves aquí." Al final me enseñó cómo lo hacía.

Tuvimos que bajar por las escaleras
para conocer a Ofelia y Simona,
quienes estaban tan concentradas
terminando de ensamblar los guantes
que no dijeron nada.

Unos minutos más tarde, conocimos a
Aída, quien estaba a punto de tener
un bebé.

Ella estaba a cargo de colocarle
botones a los guantes y después
plancharlos.

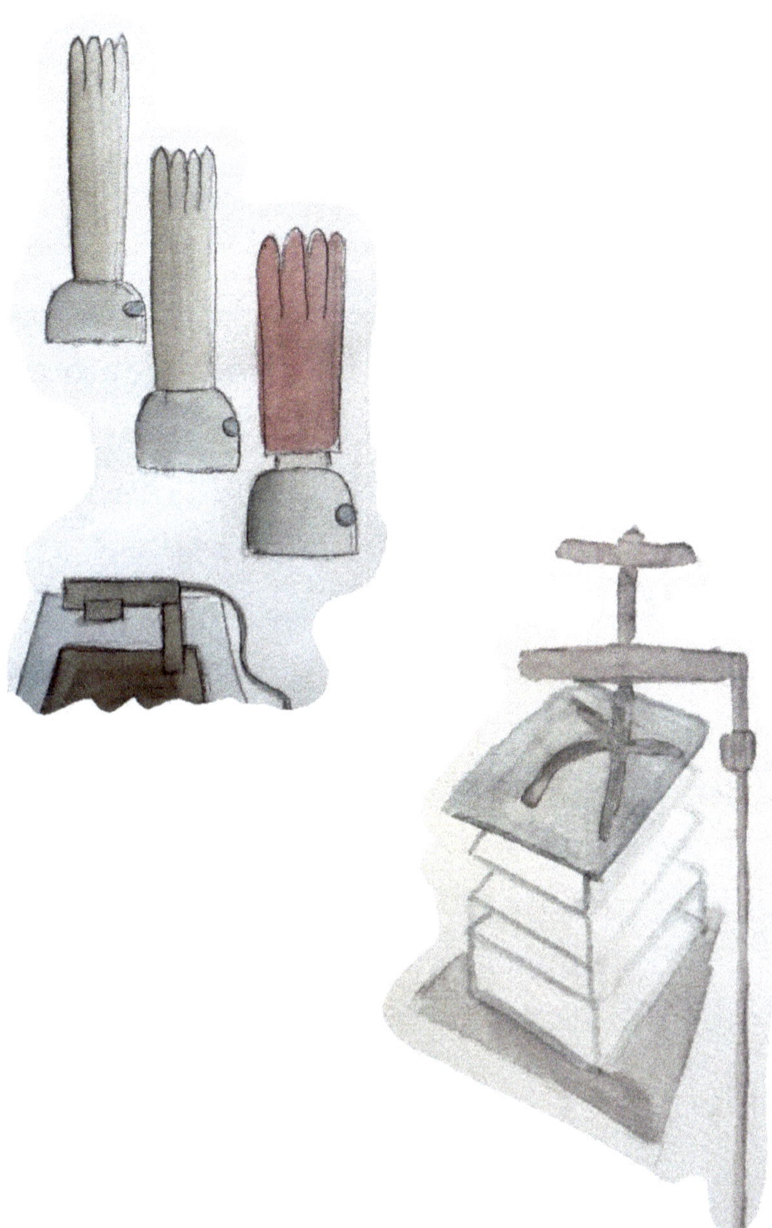

Enseguida fuimos con Martina.

"Yo pongo los guantes dentro de una prensa para terminar de plancharse. Después de eso checo la calidad, me aseguro de que todo esté bien y le pongo su etiqueta."

"Entonces, Giuseppe, que aprendiste hoy?"
"Que para hacer guantes se necesitan muchas manos". Todos en la habitación se rieron. "Eco!" dijo Martina con una gran sonrisa.

Quería un par de guantes para mamá.

"¿Qué color te gustaría?" preguntó la
Señora Julia.

"Esos, como un girasol" dije, mientras
señalaba los amarillos "es un color feliz"
agregué.

"Certo, bellisimo!" dijo mamá en italiano,
sabía perfecto qué significaba cierto,
bellísimo! le encantaban!

"Y están hechos de tela de hongos" añadió
la Señora Julia, mientras mi rostro se
iluminaba y ella guardaba los guantes en
una bolsa.

"Eso los hace extra especial, ¿cierto cielo?"
me preguntó mi mamá

"Fantásticos!" respondí

Al final, le dí a mamá su regalo y ella me dio un gran abrazo que se sintió como un abrazo en grupo de cada persona que ayudó a que los guantes se pudieran hacer.

Montellin

Y colorín colorado...

Appendix
Por si tu pequeñ@ tiene más preguntas...

Proceso de curtiduría de piel en Marruecos

Paso 1 – Iferd

El proceso tradicional de curtido de la piel comienza con sumergir las pieles en una solución fermentada de desechos de paloma y curtiembres, conocida como iferd.

La HIDE se fermenta por 3 días en el verano y hasta 6 días durante el invierno. El proceso de curtido de la piel es simbólico: el primer paso es cuando la piel se alimenta y duerme antes de "renacer" del agua.

Paso 2: Pozo de cal y ceniza de argán

Después de fermentarse, las pieles se raspan y se ponen a secar. El cabello se raspa antes de que se vayan a un pozo de cal y ceniza de argán, asegurándose de que muy poco se desperdicie. Éste baño dura de 15 a 20 días en el verano y 30 en el invierno. Su trabajo es asegurarse de quitar cualquier carne y cabello restantes, preparando a la piel para los productos curtido.

Paso 3 – Qasriya, la piel recibe naks

Después de lavarse, las pieles pasan 24 horas en Qasriya, un pozo redondo con desechos de paloma agua.

En ésta etapa del proceso, la piel se hace más delgada y elástica. Se dice que es cuando la piel recibe naks, su espíritu.

Paso 4 - El proceso de curtido

Las pieles son raspadas con fragmentos de cerámica y batidos con alumbre, aceite y agua, preparándose a recibir el tinte. las curtidoras tradicionales solo usan plantas para teñir la piel. Su solución depende del tipo de piel que usen - vaca, camello, cabra, oveja - y el color en que la piel va a teñirse.

Por ejemplo, el amarillo babouche se hace tradicionalmente utilizando granada!!! El tinte es aplicado antes de que la piel se deje secar en el caluroso sol de Marruecos.

Paso 5 - Un terminado suave

Finalmente, las pieles son continuamente estiradas entre dos cuerdas para hacerlas más suave y flexibles. Éste proceso es difícil de trabajar y solo lo hacen los hombres más jóvenes y hábiles. Ésta etapa se dice que le da vida a la piel para ser usada.

Muskin, la piel vegetal hecha a base de hongos

Reemplazar la piel animal fue posible con Muskin, una alternativa eco-friendly hecha completamente de materiales naturales, incluyendo la cabeza de un particular hongo.

las personas que trabajan en la industria peletera discutieron por años acerca de usar o no piel animal para sus prendas. Pero había otra cosa importante que considerar: curtir la piel requiere el uso de químicos que tienen un serio impacto al medio ambiente.

Muskin, inventado por la compañía Zero Grado Espace, en Montelupo, Fiorentino, es la solución perfecta a ambos problemas ya que es completamente natural y se trata sin utilizar sustancias nocivas para el medio ambiente, no contaminan.

Otros productos eco-friendly, como eco-wax (cera ecológica) puede añadir características especiales a la piel. Lo que es también importante es que la piel de hongo no provoca ninguna reacción alérgica. Con esto, podemos decir que protege a los animales, a las personas y al medio ambiente, qué más se puede pedir?

Otras alternativas de piel

Existen también pieles naturales hechas de: Piñas, residuos de manzana e inclusive nopales (ésta última inventada en México).

Fairtrade

"Fairtrade" cambia la forma en que se trabaja. Esto implica mejores pagos, trabajar en condiciones decentes y mejores tratos para granjeros y otros trabajadores de Países en desarrollo. lo que se busca es que los trabajadores puedan tener un mejor control en sus vidas y que puedan decidir cómo invertir en su futuro.

Sostenible

De la RAE:
adj. Especialmente en ecología y economía, que se puede mantener durante largo tiempo sin agotar los recursos o causar grave daño al medio ambiente.

"Eco-friendly"

Respetuoso o amigable con el medio ambiente.

links que pueden ser de utilidad:

(2020, https://www.marrakech-riad.co.uk)

(RICCIO, LIFEGATE, 2020, https://www.lifegate.com/
businesses/team/chiara-riccio)

2020, https://www.fairtrade.net)

después de "colorín
colorado" ahora toca
"colorín coloreado"...
a colorear!

diseña tus guantes...

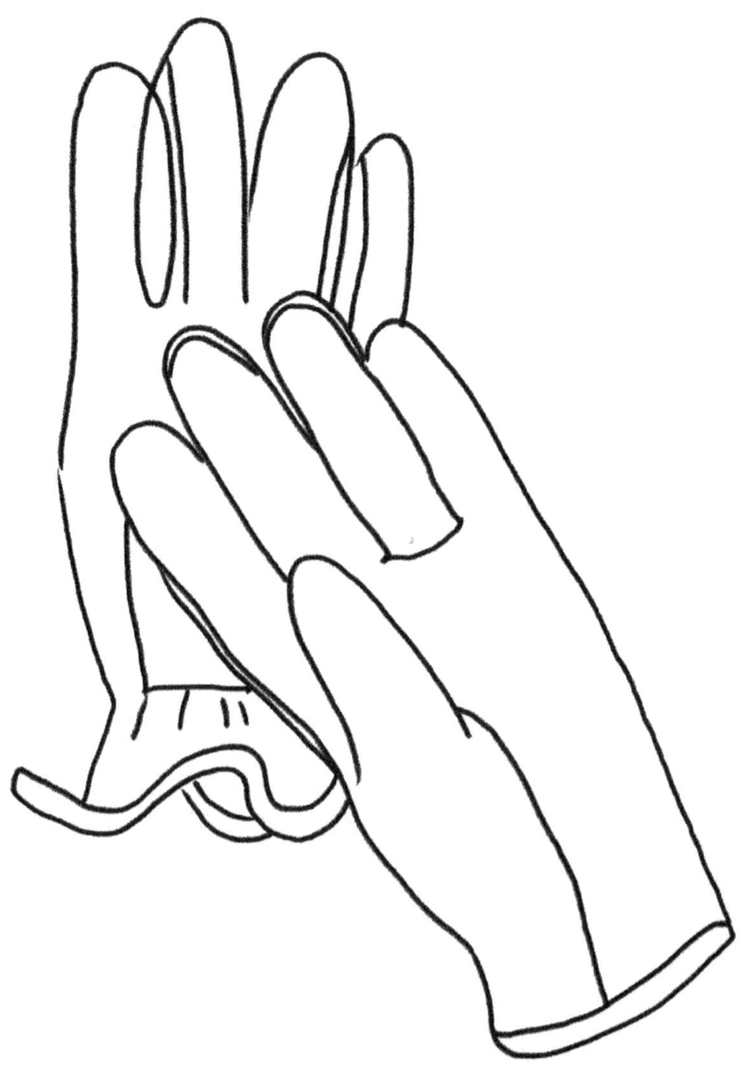

encuentra la figura...

espero te gustara mucho éste
pequeño cuento e ilustraciones que
hice para ustedes!

sígueme en instagram:
lovenotemx

mándame un email:
lovenotemx@outlook.com

con cariño,
Ana Karenina